Genehmigte Lizenzausgabe für „Edition DÖRFLER“ im
NEBEL VERLAG GmbH, Utting

1 2 3 4 5 5 4 3 2 1

Horst Riebenstahl

Deutsche Pioniere im Einsatz 1939–1945

Eine Chronik in Bildern

DÖRFLER
ZEITGESCHICHTE

DANKSAGUNG

Bedanken möchte ich mich bei den Pionieren und Witwen verstorbener Kameraden, die durch ihre Unterstützung zum Entstehen dieser Bilddokumentation beigetragen haben. Nennen möchte ich: W. Ackermann, K. Ahlbach, J. Eidam, H. Kreckmann, A. Kuhn, M. Lehr, K. Röder, F. Rudolph, O. Schmidt, H. Speck, H. Steuer, Th. Vogt.

QUELLEN

Bundesarchiv (BA)
Zentralarchiv der Pioniere
Archiv Podzun-Pallas-Verlag
Archiv Riebenstahl
Archiv Scheibert
alle in der Danksagung genannten Personen.

INHALT

Eine von Pionieren der 7. Panzer-Division geschlagene Brücke über die Maas, 1940.

EIN WORT ZUVOR

Die deutsche Pioniertruppe entwickelte sich aus einer ursprünglich rein dienenden bis zum Zweiten Weltkrieg zu einer kämpfenden Waffengattung. So entstanden neben den Spezialpionieren auch Bezeichnungen wie Sturmpioniere, Panzerpioniere etc. Der letzte Krieg verlangte nicht zuletzt auch durch die sich immer schneller entwickelnde Technik von dieser Truppe Ungeheures an technischem Können und damit verbundenen Kämpfen.
Aus diesem weiten Feld zeigt der vorliegende Bildband mit ca. 300 Fotodokumenten überwiegend bisher noch nicht veröffentlichte Abbildungen - darunter auch seltene Bilder vom Brückenlegepanzer im Einsatz, vom Minenkampf und von unvorstellbaren Behelfsbrückenbauten.
Es gelang, von ehemaligen Pionieren aller Dienstgrade, eine hervorragende Unterstützung zu bekommen, so daß ich mehrere hundert Originalfotos archivieren und diesen Band erstellen konnte. Besonders hinweisen möchte ich dabei auch auf die Minenhorchkompanie, eine Sondereinheit für uhrengesteuerte Funkfernzündung über große Entfernungen. Von besonderem Interesse ist auch die Brücke über den Asopos (Griechenland) mit ihren 90 m hohen Pfeilern.
Insgesamt entstand so ein Bildband, wie es ihn für diese weitgefächerte Waffengattung bisher noch nicht gegeben hat.

Unter Feuerschutz gehen auf Schlauchbooten der Pioniere Stoßtrupps über ein Gewässer.

1939

Übung mit einem Halbponton vom Brückengerät B. Mit diesem Gerät konnten neben Fähren, 8 t-Brücken bis zu 83 m Länge bzw. 16 t-Brücken bis zu 54 m Länge gebaut werden.

Hier eine fertige 8 t-Brücke vom B-Gerät. Auch dieses ist ein Foto von einer Übung kurz vor dem Feldzug gegen Polen (1939).

Auch hier wird ein Halbponton bei einer Übung zum Brückenbau an das Gewässer getragen (Gewicht 750 kg).

Ein Foto aus dem Frieden.

Sturmboote (Übungsbild, da Drillichhose) beim Zuwassergehen im Schutz eigener Nebelwand.

Sturmboot, kurz vorm »Sprung« zum Wasser. Vorn der Gruppenführer, links der Bootsmotor.

Am 2.9.1939, dem 2. Tag des Krieges, fährt hier ein Opel Kapitän über einen versumpften Bachabschnitt, der durch Bretterbelag fahrbar gemacht wurde.

Hier wird ein Panzer I des Panzer-Regiment 1 der 1. Panzer-Division auf einer 16 t-Ganzpontonfähre von Pionieren des Panzer-Pionier-Bataillon 37 über die Weichsel gesetzt.

An vielen Vormarschstraßen fanden die Kampfeinheiten Sprengtrichter vor. Sofort wurden Pioniere eingesetzt, um die Straßen wieder für nachfolgende Truppen befahrbar zu machen, Kriegsbeginn 1.9.1939.

Am Rande einer Ortschaft wurden die Sperren teilweise von Kettenfahrzeugen (Panzer) mittels Drahtseilen aus der Verankerung gezogen, in Polen 1.9.1939.

Zur Beseitigung von Sperren setzten hier Panzerpioniere Sprengladungen ein, Polen 1939.

Die von Polen gesprengte Eisenbahnbrücke von Klobuk. Sie wurde später von deutschen Eisenbahnpioniere-ren wieder instand gesetzt.

Stämme für den Bau von Knüppeldämmen werden abgelängt und sortiert. Vermutlich eine Übungsaufnahme.

Und hier ein schnell verlegter Knüppeldamm über den Bespannte geführt werden müssen, Polen 1939.

Hier sind es Teile einer motorisierten Kolonne, die in langsamer Fahrt über einen von Pionieren verlegten Knüppeldamm fahren.

Rundhölzer werden als Knüppeldamm vor und hinter die gebaute Brücke gelegt, 1939.

Ein SPW einer Kompanie des Schützen-Regiment 1 d. 1.PD fährt über versumpfte Wiesen in Polen. Die Pioniere v.Pi.-Btl. 37 hatten alle Hände voll zu tun, um mit Brettern sowie Zäunen, langen und kurzen Hölzern das Gelände befahrbar zu machen, 1939.

Ein behelfsmäßiger Übergang hilft dem Verkehr über einen Sprengtrichter.

Auf einem Floßsacksteg geht ein Stoßtrupp über den Fluß, Polen 1939.

Brückenschlag über den Bug, südlich von Brest.-L. bei Wlodawa 1939. 8 t-B-Gerät-Brücke. Wegen Niedrigwasser ruht die Brücke auf neun Böcken. Als Mittelstück eine K-Brücke, bestehend aus zwei Endstücken.

Eine von Polen gesprengte Warthe-Brücke wird für Infanteristen notdürftig begehbar gemacht.

Brücke aus Knüppeln, Stangen, Kanthölzern und Bohlen, gebaut von Pionieren d. Korps Pi.-Btl. 62. Hier die Belastungsprobe mit einem Panzer II, Polen 1939.

Wiederherstellen einer Holzbrücke in Polen, nahe der Liswarte. Hier werden gerade Schwelljoche verschwertet, September 1939.

Diese Schwelljochbrücke wurde von Pionieren hergestellt, 1939.

Die von Polen gesprengte Holzbrücke in Panki wurde von Pionieren des Pz.Pi.-Btl. 37 wieder hergestellt.

Von Polen teilgesprengte Brücke über die Liswarte. Einheiten der 1. PD fahren davor mit Krupp-Protzen durch eine Furt, September 1939.

Eine von Polen gesprengte Holzbrücke wird hinsichtlich ihres Wiederaufbaus erkundet.

Von Polen gesprengte Brücke über die Buzzara. Auch sie wurde durch deutsche Pioniere wieder aufgebaut.

Eine Kriegsbrücke aus B-Gerät (Bockstrecke). Gut zu sehen sind die Bockbeine und Bockholme sowie die Bockstreben (je mit drei Streben abgestützt), September 1939.

Eine 8 t-Zugmaschine mit einer schweren Feldhaubitze 18 beim Durchfahren einer von Pionieren erkundeten Furt. Meßlatten bezeichnen die Auffahrt zur Landbrücke.

Links eine 16 t-Kriegsbrücke aus B-Gerät. Rechts wird zu deren Ablösung eine schwere Behelfsbrücke errichtet. Weichsel bei Annapol - 1939.

Kriegsbrücke aus B-Gerät über die Weichsel. Wegen geringer Wassertiefe ruht die Landbrücke auf 20 Böcken, Polen 1939.

Infanterie und Pioniere setzen mit Schlauchbooten über die Weichsel, Polen 1939.

Eine von deutschen Pionieren gebaute Weichselbrücke, Polen 1939.

Straßensperren gab es in Polen reichlich. Dank der Pioniere konnten sie zumeist sehr schnell beseitigt bzw. geöffnet werden.

Sowjet-Truppen westlich von Brest-Litowsk, Polen 1939. Auf deutscher Seite sind es Pioniere vom Pz.Pi.-Btl. 39.

1940

Wie alle anderen Truppenteile der Wehrmacht wurde die Zeit zwischen den Einsätzen in Polen und Frankreich zu Übungen genutzt. Hier das Sturmbootfahren.

Und hier das Fahren mit einer beladenen Fähre (A-Gerät). Transportiert wird eine 2-cm-Flak.

Übung der Wittenberger Pioniere am Wasserplatz der Elbe. Hier wird gerade die Verbindung von der Landbrücke zur Fähre aus B-Gerät hergestellt. Das schwimmende Teil der Brücke liegt tiefer, so daß dazwischen eine Rampenstrecke (schräger Teil) gebaut wurde.

M-Boote haben die Fähre über die Mosel gefahren. 16 t-Fähre setzen Panzer III der 1. PD über.

Übung des Pz.Pi.-Btl. 37 an der Mosel (vor dem Frankreichfeldzug 1940) mit K-Gerät. Links der bereits gelegte Fachwerkträger, rechts wird der K-Träger gerade von Pionieren über die Rolle mittels Auslegerbock geschoben. Links im Bild General Kirchner, 1. PD.

Trägerwagen des K-Gerätes. Zu erkennen sind die Endstücke mit oben aufgesetzten Rollenböcken, Winter 1939-1940.

K-Gerät-Brücke des Pz.Pi.-Btl. 37. Gut zu erkennen ist der Auslegerbock; Pioniere üben den Kastenträger über die Rollen zu schieben. Vor dem Westfeldzug an der Mosel 1940.

Die Pioniere der 1. PD beim Brückenschlag. Übung mit K-Gerät. Zu sehen sind drei Fachwerkträger, die zu einer 16-20-t-Brücke zusammengesetzt werden. Vor dem Westfeldzug an der Mosel 1940.

K-Gerät-Brücke Pz.Pi.-Btl. 37 der 1. PD. Übung am K-Gerät. Zu erkennen das Auslegerstück und Auslegerrolle am Trägerendstück. An der Mosel 1940.

Bauteile des B-Gerätes werden mittels Floßsäcken zum anderen Ufer transportiert.

Helmtaucher. Ihre Aufgaben sind: Untersuchungen von Brückenpfeilern auf Brauchbarkeit und Mitwirkung bei der Räumung des Flußbettes. An der Mosel vor dem Frankreichfeldzug, März 1940.

Die Einsätze in den Niederlanden, Belgien und Frankreich (1940) verlangten unzählige Brückenbauten aller Art. Hier ein 16 t-Übergang über die Maas bei Sedan. Mehrere Brückengeräte B, gebaut vom Korps Pi.-Btl. 62.

Diese 16 t-Brücke wurde bei Nouzonville geschlagen.

Aisne-Übergang bei Chàteau Porcien (1940 Frankreich), 16 t-Ganzponton-Brücke.

16 t-Übergang bei Amiens - 1940.

Bereitstellung vor dem Übergang mit Schlauchbooten bei Zutphen (Holland) 1940.

Von Holländern gesprengte Brücke über die Issel vor ihrer Instandsetzung.

Hier der Maasübergang in Maastricht, 1940.

Übergang mit Schlauchboot-Brücke bei Dinant, Frankreich 1940.

Und hier ein sehr behelfsmäßiger Steg mit Leitern am Gegenufer.

8 t-Brücke (B-Gerät) über die Maas in der Nähe von Dinant, Mai 1940.

Erster Behelfsübergang neben einer gesprengten Brücke.

Barrikaden werden von Pionieren beseitigt, Infanterie zieht nach.

Nähe Juniville von Pionieren beseitigte Barrikaden, Juni 1940.

An alles wurde gedacht, sogar an die Mitnahme von passend geschnittenen Brettern, um Eisenbahngleise mit Holzbelag zu versehen. Die Gleise wurden dadurch für Kraftwagen befahrbar, Belgien 1940.

Rheinschutzboote sichern den Übergang, Großenbraisach 1940.

Nach dem Flammeinsatz. Männer des Pz.Pi.-Btl. 37 der 1. PD in der Festung Belfort, Juni 1940.

Straßensperren in Martelange werden beseitigt.

Pioniere setzen Waffen auf einer 8 t-Doppelfähre über die Maas, Nähe Dinant (Frankreich).

Brückenschlag (Bockstrecke) über den Semois in Bouillon.

Brückenkolonne mit B-Gerät bei der Fahrt über eine Behelfsbrücke.

Am Rhein-Marne-Kanal bei Minencourt. Pioniere bei der Beseitigung einer Straßensperre.

Eine bespannte l.FH 18 überfährt hier eine Kriegsbrücke, Frankreich 1940.

Pioniere fahren mit dem Brückengerät zu ihrem Einsatzort (Brückenstelle).

Teile vom Schützen-Regiment 1 überfahren den von Pionieren gebauten Übergang über die Eisenbahn bei Sedan, Mai 1940.

16 t Ganzponton-Brücke (B-Gerät). Gebaut von Pi.-Btl. 505 und Pi.-Btl. 37 über die Maas bei Sedan, Frankreich Mai 1940.

Motorboot des Pz.Pi.-Btl. 37 der 1. PD (s. Div.Zeichen am Bug des Bootes) wird vom Anhänger abgesetzt. Es hatte einen 100 PS 6 Zylinder Maybach Motor und wurde zum Schleppen und Drücken von Fähren beim Übersetzen und Brückenbau eingesetzt, Gravelines 1940.

Vom Gegner gesprengte Brücke bei Maastricht. Pioniere beim Erkunden, 1940.

Wiederherstellung eines Überganges. Schwelljoche liegen zum Aufrichten bereit, 1940.

Eisenbahnpioniere stellen zerstörte Gleisanlagen in Amiens wieder her, 1940.

Rheinübergang durch Infanterie auf einer großen Pontonbrücke, 1940.

Das Vorziehen der schweren Flakartillerie war oft mit Schwierigkeiten verbunden. Hier der Transport des getarnten Geschützes über eine Kriegsbrücke (8 t) durch B-Gerät bei Sarron über die Dise, Frankreich 1940.

Auf metallische Minen spricht das elektromagnetische Minensuchgerät an.

Vor Lure hat ein mit Regenwasser vollgelaufener Sprengtrichter die Straße unterbrochen, Frankreich 1940.

Im Kampf um Sperren forderte der Sperreinsatz der Pioniere oft schwere Opfer. Gefahrvoll ist auch der Umgang mit Minen und Sprengmittel.

Männer liegen sturmbereit unter ihren Sturmbooten bei Kolmar am Oberrhein, Westfeldzug 1940.

Der Befehl zum Angriff ist gegeben. Mit blitzartiger Geschwindigkeit werden die Sturmboote ins Wasser geschoben.

Das eigene Ufer ist vernebelt, um dem Gegner die Einsicht in die Vorbereitungen zum Sturm zu erschweren, Frankreich 1940.

Sturmfahrt über den Rhein.

Die Boote sind gelandet. Jetzt heißt es, einen Brückenkopf zu erkämpfen, 1940.

Waffen und Fahrzeuge werden über die Seine mit Schlauchbooten gesetzt, Frankreich 1940.

Pioniere bringen in Schlauchbooten die Stoßtrupps und ihre Waffen über den Flußlauf.

Minensucher mit Minensuchstäben, Belgien 1940.

Bei metallarmen Minen hilft nur der Minensuchstab. Hier Pioniere beim Aufnehmen französischer Minen in einer Ortschaft, 1940.

Entfernung französischer Geschoßminen vor Maubeuge.

Bau einer K-Brücke. Gut zu erkennen ein Kastenträger und am Trägerendstück ein Auslegerstück mit Auslegerrolle.

Die Aisne überschreitet auf einer Pontonbrücke 16-20 t ein Panzer III mit Fliegererkennungszeichen (Hakenkreuz auf dem Turm).

Pionier-Geräteanhänger des Pz.Pi.-Btl. 37 auf einem Platz im brennenden Bouillon, Mai 1940.

In Gravelines (vor Dünkirchen) herrscht Chaos auf den Straßen, Mai 1940.

An der Salm, bei Trois Ponts, hatte der Gegner die große Eisenbahnbrücke und die Straßenbrücke gesprengt. Hoch in der Luft hing als seltsames Band das Bahngleis. In der Mitte schlagen Pioniere eine Kriegsbrücke.

Im Hintergrund die von Franzosen gesprengte Brücke. Davor eine 16 t-K-Brücke von Pionieren gebaut. Im Vordergrund werden Vorbereitungen für den Bau einer Behelfsbrücke getroffen.

So ging's mit Floßsäcken über den Genter-Kanal, Belgien 1940.

Panzer III mit Knüppelteppich und Nebelkerzen am Heck rollt in Bodagne an der Sure über eine K-Brücke, Belgien 1940.

Der Brückenlegepanzer auf dem Pz.II-Fahrgestell hat sich nicht bewährt und wurde später vom Typ F IV abgelöst, Frankreich 1940.

Pionier Bataillone und Heerespioniere wurden immer wieder zum Bau von Knüppeldämmen herangezogen.

Hier ein weiteres Foto von einem Brückenlegepanzer auf dem Panzer II-Fahrgestell mit behelfsmäßigen, aufgebockten Schnellbrückenteilen, Frankreich 1940.

Nach Beendigung des Westfeldzuges begannen verstärkt Übungen mit neu eingezogenen Soldaten und z. T. neu entwickeltem Gerät. Hier übt das Korps-Pionier-Btl. auf der Weichsel mit Motorbooten, Sturmbooten und Floßsäcken.

Wer nicht an den Booten üben konnte, stählte sich - wohl nicht ganz freiwillig - mit Gymnastik.

Übersetzen - hier mit Floßsäcken - im gegnerischen Feuer, Belgien 1940.

Und hier wieder ein Übungsbild - im scharfen Einsatz geht es ohne Trompete. Auch das Sprengen von Fahrrinnen muß geübt werden.

Bis es soweit mit der Fertigstellung einer 8 t-Brücke kommt, gab es zuvor viele Übungen, Messungen und Arbeiten aller Art.

1941

Hier einer der zwölf in der Masse von Magirus stammenden Sturmstegpanzer auf dem Panzer IV-Fahrgestell. Er war in der Lage, einen Infanterie-Sturmsteg in einer Länge von 26 m abzusetzen. Er kam 1941 in Rußland zum Einsatz.

Hier der Schaubrückenbau einer K-Brücke in Allenstein/Ostpr. vor dem Ostfeldzug 1941. Gezeigt wird der Zusammenbau eines K-Gerätes (16 t) mit zwei Mittel- und zwei Endstücken mit Auffahrschienen. Bild unten: der Bohlenbelag wird aufgebracht.

Zu sehen sind hier die Streckträger, welche auf den Bockholm gelegt werden.
Unten im Bild der Uferbalken, das rechte Bockbein sowie die Fußscheibe. Zugehörig zur Landbrücke.

Wiederum der Schaubrückenbau in Allenstein/Ostpr. Hier arbeitet ein Pionier am Bockwindenschloß mit Kette des B-Gerätes 8 t.

Schaubrückenbau in Allenstein/Ostpr. Hier die Landbrücke mit einer Bockstrebe und Geländer.

Schaubrückenbau in Allenstein/Ostpr. Hier der Bau einer 8 t-Brücke aus B-Gerät. Schüler und Jugendliche sind sehr interessiert. Quer durch das Bild eine Bockstrebe.

16 t-Ganzpontonbrücke, zu erkennen die Landbrücke mit Rampe verbunden mit der Pontonbrücke. LKW mit Sturmbooten überqueren die Kriegsbrücke über die Luga. Erbaut vom Korps-Pionier-Btl. 62, Sommer 1941.

8 t-Zugmaschine mit Bootsanhänger fährt über 12 t-Kriegsbrücke, verstärkt mit doppeltem Bohlenbelag. Die Böcke gestützt von zwei Bockstreben. Gut zu erkennen die Rödelzangen, eingesetzt in den Unterzügen, 1941.

Übergang aus Knüppeln und Rundhölzern, 1941.

Belastungsprobe durch eine 8 t-Zugmaschine, 1941.

Bau von Sumpfübergängen, 1941.

Ein Schnellsteg wurde auf restliche Brückenpfähle mit Brettern gelegt, 1941.

Infanterie-Bretterschnellsteg, verschwertet, 1941.

Stege gab es vorbereitete, fertige und behelfsmäßige. Hier einer über Floßsäcke.

Bau einer Kriegsbrücke im Nordabschnitt, nahe Pleskau, hier kommt die Dieselramme zum Einsatz, 1941.

Eine Landbrücke aus K-Gerät als Anleger für K-Gerät-Fähren. Düna bei Jakobstadt, Juni 1941.

Schlauchboot-Fähre setzt über die Düna, im Bereich der 1. Pz.Div. westlich Jakobstadt, Sommer 1941.

Ein mit Wasser vollgelaufener Panzergraben bei Wjasma, Vormarsch 1941.

Pferdebespannte Artillerie geht über eine Bockstrecke, Rußland 1941.

Der Bock wird gesetzt als Mittelunterstützung. Am unteren Ende geben die Fußscheiben, oben die Bockstreben den notwendigen Halt, 1941.

Von Russen gesprengte Brücke bei Tauroggen. Daneben die vom Pz.Pi.-Btl. 37 aufgebaute Brücke (Bockstrecke) über die Jura.

Brücke B-Gerät-Bockstrecke. Gut zu erkennen sind die mit zwei Bockstreben abgestützten Bockbeine, die Bockholme sowie Streck- und Rödelträger, auch die Unterzüge, wo die Rödelzangen eingesetzt sind und der doppelte Belag.

Vorn der eingelegte Uferbalken, im Hintergrund der Bock mit Fußscheibe. Als Verbindungsstück zwischen den Bockbeinen dient der Holm.

Bau einer Landbrücke. Gut zu erkennen die Streckträger vom Land (Uferbalken) zum Bock (Bockholm). Die Bockbeine sind mit je einer Bockstrebe vorläufig abgestützt. Korps-Pi.-Btl. 62 (Luga), Sommer 1941.

Kriegsbrücke B-Gerät mit Landbrücke. Zu erkennen die Stoßkappe, welche die Fähren zu einer Brücke verbindet, Ganzponton (16 t). Luga, 1941.

Pz. III der 2. Kp.Pz.Rgt. 1 überquert die Bockstrecke, die durch einen doppelten Bohlenbelag verstärkt worden ist.

Artilleristen ziehen ihr Geschütz über die im Niedrigwasser der Düna ruhende Bockstrecke. 1941.

Kriegsbrücke (Bockstrecke) mit doppeltem Bohlenbelag über die Luga, erbaut vom Pz.Pi.-Btl. 37, Juli 1941.

Eine Bockstrecke, Rußland 1941.

Im Hintergrund der Neubau einer Behelfsbrücke. Davor eine von einem Pionierbataillon gebaute Bockstrecke, die bei Fertigstellung der Behelfsbrücke vom Bataillon wieder abgebaut werden wird, 1941.

SPW mit 3,7 cm Pak des Pz.Grn.Rgt. 113 fährt über eine 16t K-Brücke. Stützweite 14,40 m bei Einbau von zwei Endstücken und einem Mittelstück in jeden Träger.

Pz.Pi.-Btl. 37 hat in der Nähe von Wjasma mit 16t-K-Gerät und Knüppeldämmen ein Gewässer überbrückt. Über die Rundhölzer und Knüppel wurden Übergangsschienen gelegt, Ende Sept. 1941.

Kriegsbrücke (K-Gerät) über die Beresina mit einem Panzer III, 1941.

16t-K-Brücke mit Doppelbock als Zwischenstütze. Die Stoßstelle wurde mit Übergangsschienen überbrückt. Belastungsprobe durch eine 8t-Zugmaschine mit Bootsanhänger, Rußland 1941.

Von Russen gesprengte Straßenbrücke über die Welikaja (Nähe Ostrow). Vom Pz.Pi.-Btl. 37 gebrückt mit zwei K-Geräten, einem Mittelstück und zwei Endstücken. Teile des Art.Rgt. 73 überfahren die Kriegsbrücke, Rußland, Sommer 1941.

K-Geräte im Einsatz, Rußland 1941.

16t-Fähre (K-Gerät) mit zwei Mittelstücken und zwei Endstücken (Länge 19,20 m) setzten über die Düna.

Brückenschlag über die Luga, Sommer 1941 Rußland.

Übergang mit K-Gerät (16t) im Raum Welikije-Luki (Witebsk) Winter 1941. Gut zu erkennen die zwei Endstücke des K-Gerätes zu einer 16t-Brücke sowie die Auffahrschienen.

Übergang K-Gerät mit an den Endstücken (Stoßstellen) aufgelegten Übergangsschienen, 1941.

Von Pionieren gebauter Übergang über Panzergraben (Stalinlinie) 1941. Brückengerät B., Bock als Mittelunterstützung, mit je zwei Bockstreben und Auffahrschienen.

LKW (Tatra) mit Bootsanhänger der II. Brückenkolonne des Pz.Pi.-Btl. 37 d. 1. PD, Sommer 1941.

Eine Ganzponton-Fähre ist aus B-Gerät gebaut und wird zu einer 16t-Brücke eingefahren, Düna Sommer 1941.

Einrichten einer Brückenstelle über die Luga, Sommer 1941.

8t-Zugmaschine mit Pontonanhänger beim Durchfahren einer von Pionieren erkundeten Furt zur nächsten Brückenstelle, Sommer 1941.

Eine 16t(B-Gerät)-Brücke, Sommer 1941.

Bau einer 16t-Ganzpontonbrücke. Gut zu erkennen die Landbrücke, Bockbeine mit Bockstreben und der Bockholm. Für eine 16t-Brücke waren erforderlich: 12 Streckträger und doppelter Belag.

Bau einer 16t-Ganzpontonbrücke aus B-Gerät über die Luga, Sommer 1941.

Für eine 16t-Brücke (Ganzponton) aus B-Gerät waren 12 Streckträger und doppelter Belag erforderlich. Hier die Verbindung von Ponton zu Ponton.

Schwerarbeit mußten Pioniere leisten und standen dabei oft unter Feindeinwirkung.

16t-Ganzponton-Brücke über die Luga, 1941.

Ein Panzer III überquert eine vom Pz.Pi.-Btl. 37 gebaute 16t-Brücke aus B-Gerät. Gut zu erkennen die schwimmenden Teile der Brücke durch Übergangsschienen zur Überwindung der Uferböschung, Rußland 1941.

Ein Panzer III fährt über die 16t-Übergangsschienen zur Uferböschung auf, Dünaübergang 1941.

16t-Pontonbrücke über die Luga, 1941.

Düna-Übergang über eine 16t-Pontonbrücke bei Jakobstadt. Vom Ufer ist eine Bockstrecke mit neun Böcken gesetzt. Die Pontonbrücke liegt tiefer und wurde mit der Bockstrecke durch eine Rampe verbunden, 1941.

Vom Eisgang zerstörte Brücke über die Wolga in Rshew. Winter 1941/42. Pi.Btl. 37 beim Wiederaufbau.

Ganzpontonbrücke (20t) mußte wegen Niedrigwasser auf sechs Böcken ruhen. Aufgelegte Übergangsschienen verbinden die Kriegsbrücke mit der Uferböschung. Einer der Düna-Übergänge nahe Jakobstadt, Sommer 1941.

Behelfsbrücke gebaut von Korps-Pionieren Pi.-Btl. 62 (Schwelljochbrücke mit Verschwertung).

Behelfsbrücke bei Welisch (Düna). Auf ihr ein s.J.G. 33 der 1. PD. 1941.

Smolensk 1941. Größere Behelfsbrücke.

Brückensturz eines Panzer III, Rußland 1941. Pz.-Besatzungen räumen Brückenteile beiseite.

Auch dieser Panzer III ist von einer Brücke seitlich ausgebrochen und abgestürzt, Rußland 1941.

8t-Zugmaschine mit Bootsanhänger fährt über eine Behelfsbrücke durch die Stalinlinie westlich Ostrow, Sommer 1941.

Behelfsbrücke gebaut vom Kps.Pi.-Btl. 62 (Schwelljoche verschwertet), Rußland 1941, Nähe Pleskau.

Eine Behelfsbrücke mit Teilen des B-Gerätes. LKW-Tatra, Krupp und 8t-Zugmaschine, Winter 1941.

Dieselbe Brücke. Hier wurde ein Bock gesetzt mit zwei Bockstreben. Rechts im Bild einige Pyramiden-Höcker der Stalinlinie. Westlich Ostrow, 1941.

Kompanie-Chef überfährt die von seinen Pionieren gebaute Behelfsbrücke als Belastungsprobe, Rußland 1941.

Die Eisenbahnpioniere müssen Schwerarbeit leisten, um zerstörte Brücken wieder betriebsfertig zu machen. Hier: Pioniere beim Einrammen der Jochpfähle, Rußland 1941.

Von Russen gesprengte Eisenbahnbrücke 1941. Eisenbahnpioniere beim Wiederherstellen dieser Brücke. Hier: Dieselramme im Einsatz.

Eisenbahn Pionier-Regiment 4 beim Bau der Eisenbahnbrücke bei Kowno, 1941.

Hier werden Brückenträger für die Überbauten von der Eisenbahnbehelfsbrücke verlegt. Als Unterstützung werden behelfsmäßige Pyramidenjoche verwendet.

Die behelfsmäßige Eisenbahnbrücke von Kowno steht. Die Pioniere haben eine gewaltige Leistung vollbracht, und die Belastungsprobe wird vollzogen.

Die Männer des Regimentes 4 stellen sich zu einem Erinnerungsfoto und hängen wie Trauben an den Pyramidenjochen.

Anfahrt zum Bau einer Behelfsbrücke. Teile d. Kps.Pi.-Btl. 62, westlich Ostrow, Sommer 1941.

Die Brückenkolonne d. Kps.-Pi.-Btl. 62 auf einem Verlegungsmarsch nach Pleskau, Sommer 1941.

Zugmaschinen schleppen Gerätewagen. Kradmelder sitzen im Schlamm fest, Sumpfstellen und Flachwasser erschweren den Behelfsbrückenbau, Rußland Juli 1941.

Zwischen den Sperren hindurch gut zu erkennen der gebaute Übergang über einen russischen Panzergraben bei Wjasma 1941.

Die Brücke von Pleskau wurde von der Roten Armee gesprengt, Sommer 1941.

Gerti
1724 954

Hier ein SPW (Sd.Kfz. 251/1) mit angebrachtem Wurfrahmen. In der Landsersprache hießen sie auch »Stuka zu Fuß« oder »Heulende Kuh« wohl wegen der starken Wirkung der 28 bzw. 32-cm-Wurfgranaten und des heulenden Abschußgeräusches (BA).

Ein »Stuka zu Fuß« mit geladenen Wurfrahmen, Rußland 1941.
Unten: Ein Abschuß direkt vom SPW aus.

Oben und unten: Pionier-SPW mit Halterungen für Wurfrahmen, da letztere auch außerhalb des SPW aufgestellt werden können. Gezündet wurden sie dann jedoch vom SPW aus. Hierzu siehe das untere Bild der folgenden Seite (BA).

SPW mit Rohrgestell für 28, 30 oder 32cm Wurfkörper (Stuka zu Fuß) fahren in die Bereitstellung, Rußland 1941.

Abschuß eines Wurfgeschosses, Rußland 1941.

Findige Mechaniker der 13. Pz.Div. haben an einem Skodapanzer 38(t) eine Wurfkörpervorrichtung angebracht.

Hier der Abschuß eines Wurfkörpers vom 38(t) Kaliber 28 cm (50 kg Sprengstoff), 30 cm (mit Sprengstoff oder Flammölfüllung), 32 cm (50 kg Flammöl). Reichweite: ca. 2000 m, 1941.

Der Sturmbootfahrer war immer ein Angehöriger der Pioniertruppe.

Sturmboote überqueren den Dnjepr in schneller Fahrt. Südlich Mogilew, Rußland 1941.

Sturmboote setzen über den Wuox, einen seenreichen Fluß in der Nähe von Wiborg (Finnland) 1941.

Südlich von Mogilew setzen Infanterie und Pioniere mit Schlauchbooten über den Dnjepr, Rußland 1941.

Beschädigte Straßenbrücke wird abgestützt, vor Leningrad 1941.

Knüppeldamm-Übergang in sumpfigem Gelände. Nähe Ostrow, Rußland 1941.

Instandsetzung eines brennenden Übergangs, Rußland 1941.

Durch Russen gesprengte Eisenbahnbrücke bei Kowno, 1941.
Oben: Baubeginn.

Auf manchen Strecken hatten die Sowjets die Schienenstöße gesprengt, die durch Eisenbahnpioniere während der Umnagelung auf die Normalspurweite erneuert werden mußten.

Ein Erkundungstrupp der Eisenbahnpioniere geht abgesessen (ihre Motordraisine im Hintergrund) zur zerstörten Eisenbahnbrücke vor.

Russische Minen.

Bei metallarmen Minen hilft nur der Minensuchstab. Notfalls das Seitengewehr. Viele Pioniere verloren dabei ihr Leben.

Ausbau sowjetischer Kampfwagenminen am Dorfeingang.
Unten: Entschärfen einer sowjetischen »Sargmine«. 1941.

Baumeister gegen den Winter. Der Winter in der Weite des Sowjetraumes stellte an die Soldaten hohe Anforderungen. »Hochgezogene« Bunker erfordern starke Hölzer.

Pioniere von Pi.-Btl. 62 beim Bunkerbau vor Leningrad, 1941.

Oft hieß es schwere Lasten tragen.

Durch Fliegerangriff hat eine Behelfsbrücke Feuer gefangen. Mit Löschgeräten wird versucht, das Feuer einzudämmen - gleichzeitig geht es an die Reparaturen.

Hier bereiten sich Pioniere der LAH mit geballten Ladungen zu einem Angriff auf die Stalin-Linie vor, 1941.

Reparatur eines SPW des Pz.Pi.-Btl. 37. Vor Leningrad, 1941.

Übergang über einen Bachlauf bei Welikije-Luki. Jeweils am Ufer zwei eingelegte Uferbalken, Streckträger, Unterzüge mit eingesetzten Rödelzangen sowie zwei Rödelträger und Bohlenbelag. M-Boote mit LKW überfahren den Übergang, 1941.

Bei ihrem Rückzug über den Dnjepr haben die Sowjets keine Zeit mehr gefunden, die über den Fluß führende Brücke zu sprengen. Erst nachträglich versuchen Kanonenboote und Flugzeuge, die Brücke zu zerstören, 1941.

Getarntes Wohnhaus als Bunker der Stalinlinie. Mit Interesse untersucht ein deutscher Sturmpionier den ausgebrannten Betonklotz, 1941.

K-Gerät-Brücke aus zwei Mittel- und zwei Endstücken mit zusätzlicher Ponton-Unterstützung, Lettland 1941.

Pioniere am Graben von Pysma, dem 1. Verteidigungsgürtel von Leningrad, 1941.

Oben ein 251/5 in Rußland; unten fährt einer entlang der südfranzösischen Riviera. Beide Fotos wurden 1942 gemacht (BA).

Um die Jahreswende 1941/42 kamen die Pionier-Schützenpanzerwagen (Sd.Kfz. 251/5 und 251/7) verstärkt in die Panzer-Pionierbataillone. Sie sind gekennzeichnet durch eine Kastenreihe oberhalb der Kettenabdeckungen und durch eine »Sturmbrücke« rechts und links vom Kampfraum (BA).

Büffel

Das obere Foto ist ein Übungsbild, das untere zeigt einen Pionier-Schützenpanzerwagen der Div. »GD«.

Stegpanzer (Panzerschnellbrücke) fährt über eine abgelegte Brücke eines Brückenlegepanzers mit Fahrgestell Panzer IV (s. folgende Seiten), 1942.

Brückenlegepanzer auf Fahrgestell des Panzer IV fährt zum Einsatzort, 1942.

Fahrt eines Stegpanzerzuges in die Bereitstellung. Davor ein Panzer I als jeweiliger Brückenschutz, Sommer 1942.

Der Steg konnte nach Art einer Feuerwehrleiter ausgefahren werden. Die Länge des Stegs betrug 26 Meter und das Gewicht etwa 50m/kg. Unten: Abgelegter 26 Meter langer Steg. Die Infanterie geht über den Steg zum anderen Ufer.

LKW mit Pontonanhänger vom Pz.Pi.-Btl. 37 wurde durch russische Tiefflieger zerstört, 1942.

Hier wurde ein LKW mit Bootsanhänger des Pz.Pi.-Btl. 37 durch russische IL II (Tiefflieger) zerstört, Rschew 1942.

Fährbetrieb über die Ossuga. Übersetzmittel, Schlauchboote und Fähre aus B-Gerät, Rußland 1942.

8t-Brücke (B-Gerät) über den Dnjepr, 1942.

Brückenschlag über den unteren Don bei Kourtafinka. Ganzpontonbrücke 16t (B-Gerät), Juli 1942.

Kriegsbrücke wird von einem SPW des Schützen-Regiment 1 der 1. PD überfahren, Rußland 1942.

Das vielfach verwendbare Gebirgsbrückengerät - hier als Seilsteg - 1942.

Schwere Fahrzeuge des Art.Rgt. 73 der 1. Pz.Div. durchfahren eine Furt; daneben ein Floßsackübergang für leichte Fahrzeuge, Rußland 1942.

Hier wurde gebrückt mit zwei K-Geräten (ganze Länge 38,40 m) und je zwei Mittelstücken, Mittelunterstützung sowie Auffahrschienen, um den Stoß zu überbrücken, 1942.

Brückenschlag bei Woronesch (oberer Donez 1942) mit einem eingebrochenen KW I.

Nach Teilsprengung der Brücke ist der Turm des KW I im Wasser noch sichtbar. Einbau einer K-Gerätestrecke.

Von Russen gesprengte Brücke bei Roslaw. Bauholz liegt schon bereit, 1942.

Im Hintergrund Kriegsbrücke 16t aus B-Gerät, Bruisk (Ukraine). Im Vordergrund Pi.-Btl. 45 beim Bau einer Behelfsbrücke. Hier: Pioniere beim Einrammen der Brückenpfähle mittels Zugramme, 1942.

Die Straßenbrücke über die Beresina wird vom Korps-Pi.-Btl. 62 gebaut, 1942.

Schwerer Behelfsbrückenbau über die Beresina, 1942. Vorgefertigte Nagelträger sind eingebaut. Sie kommen dann zur Verwendung, wenn Bretter vorhanden sind, als Ersatz für schwere Balken oder Stahlträger.

Eine Kompanie mit Nachschub- und Gerätewagen fährt über eine kleine Behelfsbrücke, Winter 1942.

Behelfsbrücke über die Wasusa (bei Szytschewka) Rußland. Die eingerammten Pfähle sehen eine zweite Fahrbahn vor, Frühjahr 1942.

Pfahljochbrücke (Stützweite 5 Meter) verstrebt, Mittelabschnitt Rußland 1942.

DIE PIONIER-HORCHKOMPANIE

Diese Sondereinheit der deutschen Pioniertruppe, bisher weitgehend unbekannt, wurde im Herbst 1941 beim Pi.-Lehrbatl.z.b.V. (f. Mineure) in Höxter/Weser aufgestellt, nachdem in Großstädten, z. B. Charkow, die bereits weit im eigenen Hinterland lagen, durch zunächst unerklärliche Minenexplosionen wichtige Gebäude total zerstört wurden. Auftrag war die genaue Ortung der russischen Ladungen und deren Ausbau. Technisch eine totale Überraschung. Zunächst wurde vermutet, das Gerät käme aus Amerika.

Die Kp. bestand aus drei Zügen (1 Offz., 4 Uffz., 40 Mann), diese jeweils aus vier Horchtrupps. Der 1. Zug (Oblt. Dietrich) unterstand der HGr. Nord und sollte u. a. Leningrad entminen, der 2. Zug (Oblt. Oster) der HGr. Süd mit Einsätzen in Rostow, Sewastopol und Krasnodar, der 3. Zug (Lt. Pohlmann) war zuletzt in Stalingrad im Einsatz und ging dort unter.

Die interne Bezeichnung der mit Funkfernsteuerung gezündeten russischen Großminen (bis zu 1.000 kg) war F-10 Gerät. 25 kg Holzkisten, gefüllt mit kleinen Sprengstoffbeuteln, waren in den Fundamenten übereinander an mindestens drei Stellen verbunden, mit Zugzünder gegen Ausbau gesichert. Bei Ladungen in Säcken war der Zünder im Verschluß versteckt.

Der 8-Röhren Funkempfänger mit eingebauter elektr. Schaltuhr (min. Stromverbrauch) und die 12-V Batterie (Stromspeicher) waren in einem wasserdichten Gummisack verpackt, dieser ebenfalls mit Zugsicherung versehen.

Zum Empfang des Zündsignals war eine 20-30 m lange Drahtantenne restlos unter dem Straßenbelag verlegt, im Gebäude unter Putz oder Fliesen. Die Antenne war immer der Hinweis auf die ferngesteuerte Großmine. Beim Ausgraben wurde dieselbe Stück für Stück sofort gekürzt, um dadurch den Empfang des Zündsignals zu schwächen. Hinweise auf die Antenne kamen auch von der verängstigten Zivilbevölkerung, der die Bautätigkeit nicht verborgen geblieben war. Um das F-10 Gerät mindestens drei Monate empfangsbereit zu halten, schaltete die elektrische Uhr den Fu.-Empfänger alle 3 Min. für ca. acht Sekunden auf Empfang. Jeder Empfänger war mit der Stimmgabel auf eine bestimmte Tonlänge und Tonhöhe abgestimmt zur separaten Zündung, sobald durch Agenten die Belegung des Gebäudes durch Stäbe oder Dienststellen gemeldet war.

Ladungen und Gummisack (Zündgerät) waren mit unsichtbar verlegten Drähten verbunden. Mit der sog. »Horchgranate«, ein ca. 40-50 cm langer Metallzylinder mit eingebautem Kristall-Mikrofon, ca. 0,5 m im Erdboden vergraben, wurde ebenfalls versucht, die leise elektrische Schaltuhr zu orten, was aber nur in allernächster Nähe Erfolg hatte.

Zwischen Mikrofon und dem üblichen Kopfhörer war ein batteriebetriebener Verstärker geschaltet.

Solange die Stecker nicht aus der Batterie im Gummisack entfernt waren (diese wieder mit Zugzünder versehen), waren die Arbeiten lebensgefährlich.

Das Zündgerät blieb ca. drei Monate betriebsbereit. In dieser Zeit erfolgten noch Sprengungen bis zu 300 km hinter der Frontlinie. Einer derartigen Großmine fielen in Charkow auch ein Vetter des bekannten Raketenkonstrukteurs Wernher v. Braun, General Georg v. Braun und weitere Offiziere zum Opfer.

Einer der letzten noch lebenden Zeitzeugen, Uffz. Friedrich Rudolph, war Truppführer im 2. Zug der Pionierhorchkompanie. Er wurde beim Rückzug aus dem Kubanbrückenkopf mit Versorg.-Ju 52 und angehängten Lastenseglern ausgeflogen, um diese kleine Spezialtruppe zu retten. Erneuter Einsatz ab Höxter erfolgte dann bei den XXXVI Geb.AK in Lappland.

Meldestelle für »Radio-Minen« mit Hinweisschildern in deutscher und russischer Sprache für die Zivilbevölkerung. Davor Schäferhund »Rex« des 2. Pi.-Horchzuges.

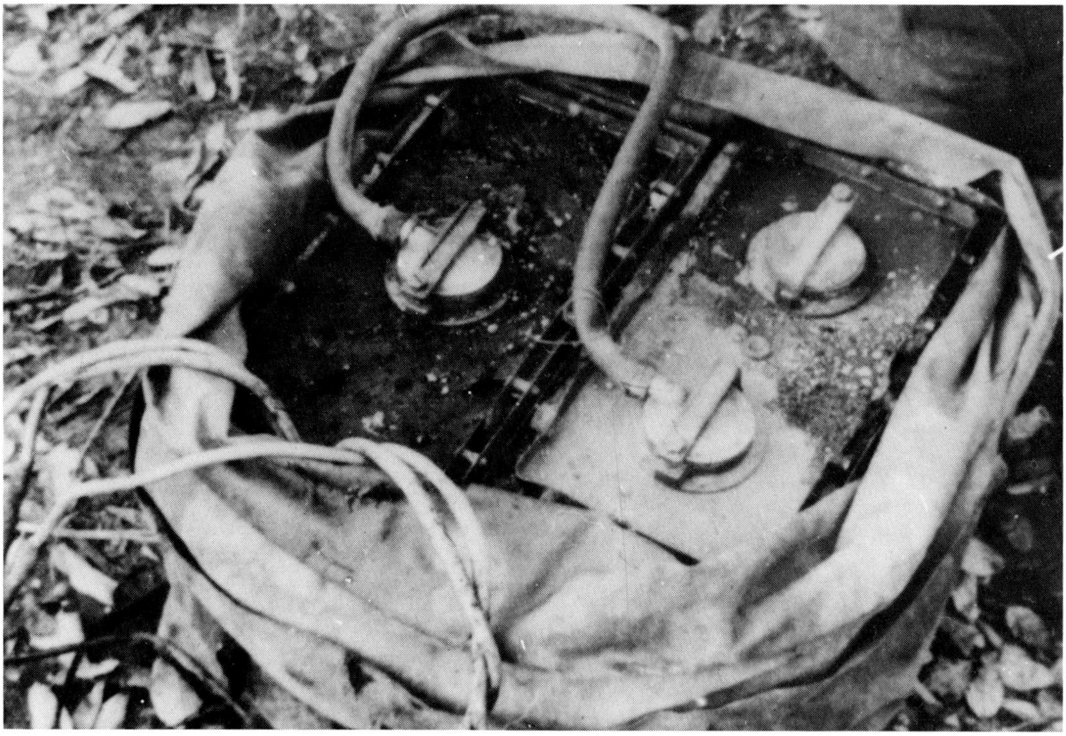

Ausgebauter Gummisack mit fünf Zündleitungen sowie Funkempfänger (li.) und hoch angeschlossener Batterie (re.). Der Gummisackverschluß war mit Zugzünder gesichert.

Wasserdichter Gummisack mit fünf Zündleitungen und bereits ausgebautem Funkempfänger (li.) und Batterie mit Stromkabel (re.). Sackverschluß mit Zugzünder zusätzlich gesichert.

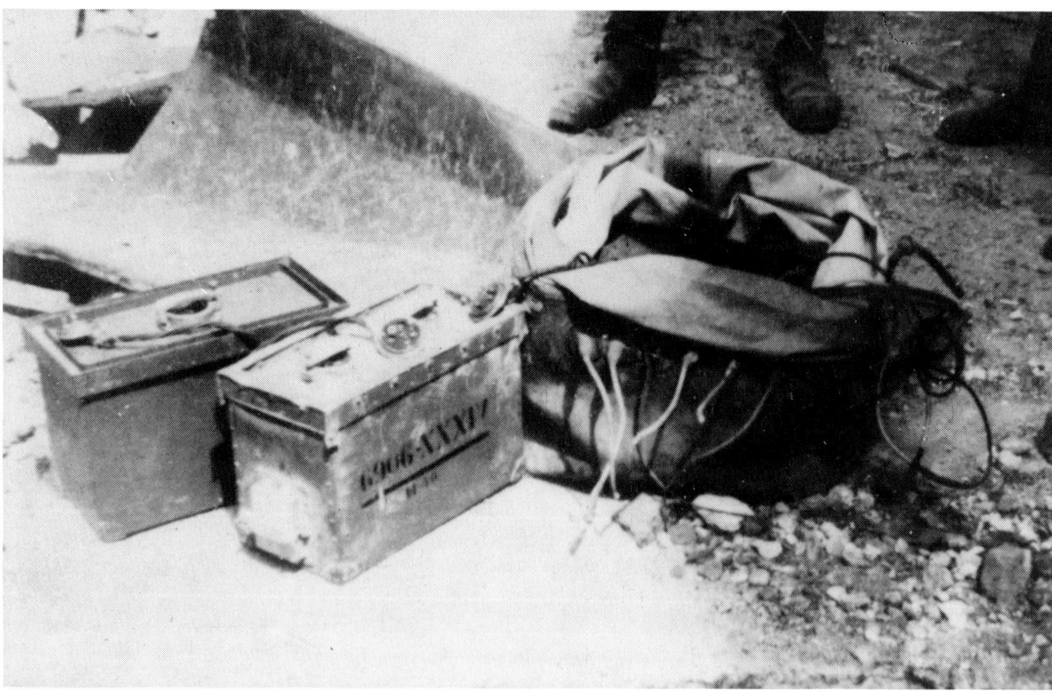

Russischer 8-Röhren-Funkempfänger für Minen-Fernzündung über mehrere hundert Kilometer (ganz seltene Aufnahme, damals STRENG GEHEIM).

Gummisack mit Funkempfänger, Batterie und elektr. Schaltuhr sowie einer 25 kg-Ladung sind bereits eingebaut. Am Sack und der Gebäudewand sind die Zündleitungen sichtbar.

Zugzünder sind bereits entschärft, 25kg-Sprengstoffkisten werden, hier unter einem öffentlichen Großgebäude, ausgebaut. Truppführer des 2. Hochzuges Uffz. Friedrich Rudolph.

Kanal von Korinth, östlicher Eingang zum Kanal. Italienischer Hafenstützpunkt. Pioniere bauen einen Übergang mit dem neuen J-Gerät (schwerer Kriegsbrückenbau der Wehrmacht bis 80t), Griechenland 1943.

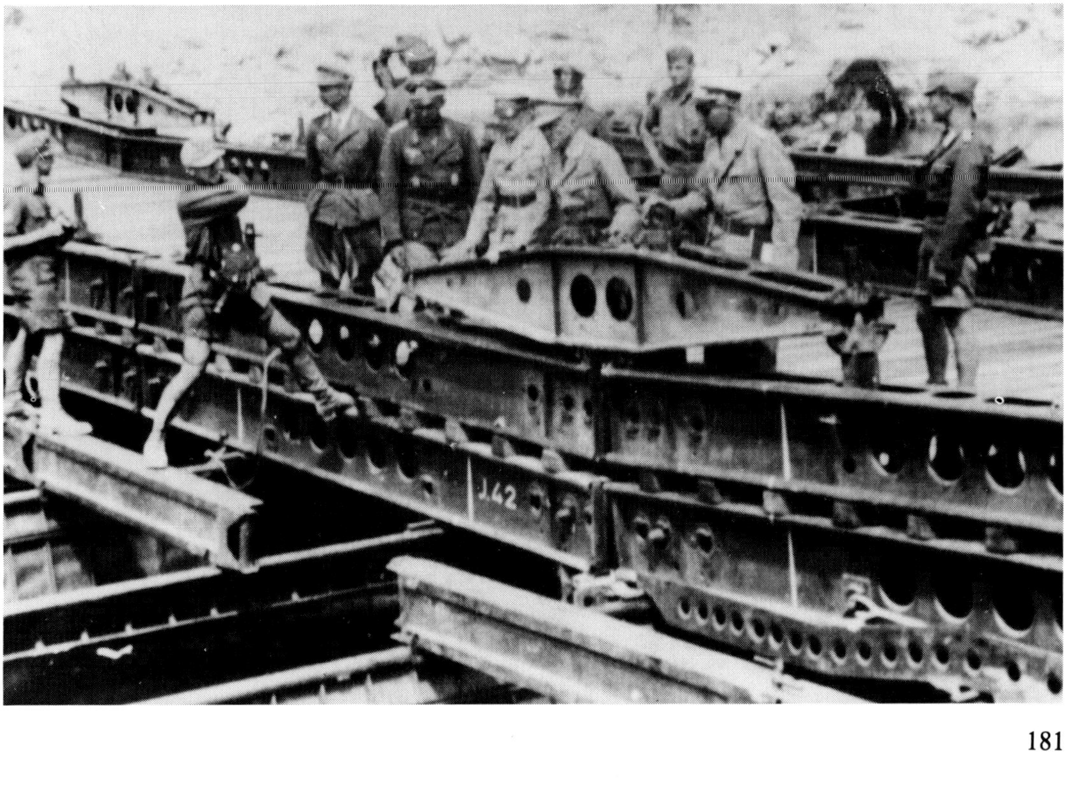

1943-1945

Ein BL IV s (Sturmstegpanzer) fährt über die Kriegsbrücke in Bobruisk.

Übung von Pz.Pi.-Btl. 37 der 1. PD mit J-Gerät in Griechenland, Nähe Sparta, 1943.

Teile des Pz.Pi.-Btl. 37 werden bei Sparta von Fähren übergesetzt, 1943.

Hier werden Panzer IV der II. Pz.-Rgt. 1 d. 1. PD mit Fähren nach Euböa übergesetzt, 1943.

Ab 1943 kam der »Leichte Ladungsträger Goliath« bei der Pioniertruppe zum Einsatz. Über Kabel ferngesteuert, brachte er Sprengladungen in gegnerische Stellungen. Hier ein »Goliath« mit Elektromotoren, die in späteren Produktionen durch Verbrennungsmotoren ersetzt wurden.

Der »Goliath« im Einsatz.

Hier untersuchen Angehörige der US-Streitkräfte erbeutete »Goliath«, Invasionsfront 1944.

Fähren aus dem J-Gerät setzen über den Fluß mit schweren Waffen d. 1. PD (Hummel und SPW kurz).
Bild oben: Vorbereitung eines Fährenbaues mit J-Gerät, 1944.

Behelfsbrücke und Steg in Lissjanke Nord.

Hier ein Infanterie-Steg am Kessel von Tscherkassy, Februar 1944.

Pionier-SPW mit seitlich angehängten T-Minen.

Auf Mine aufgelaufener Flammen-SPW.

SPW als mittlerer Flammpanzerwagen. Oben in der selten getragenen Schutzbekleidung, unten beim Übungseinsatz.

Flammpanzerwagen der 1. PD mit einer Strahlweite von 60-70 m. Die Feuerdauer betrug bis zu 1,5 Min.

Bei den deutschen Pionieren gab es ab 1942 verschiedene Flammpanzerwagen. Am zahlreichsten vorhanden und bis Kriegsende vertreten war der hier und auf weiteren Seiten gezeigte Flammpanzerwagen (Sd.Kfz. 251/16).

Zwei Übungsfotos des Sd.Kfz. 251/16 mit dem neueren (Schrägheck) SPW.

Oben ein weiteres Übungsbild, unten ein Einsatzfoto, Rußland 1944.

Hier liegt ein Teil des von den Engländern gesprengten 3-Gelenk-Bogens der Eisenbahnbrücke über den Asopos (Griechenland-Bahn von Norden nach Athen), 1943.

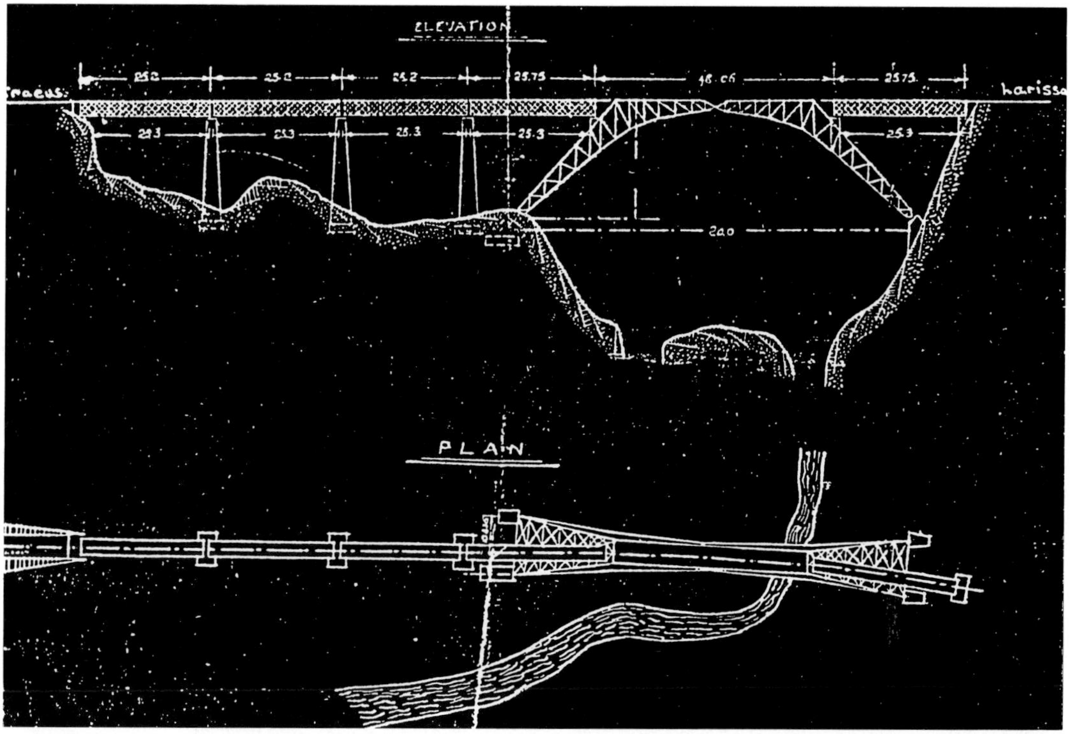

SCHICKSALHAFTE BRÜCKE

Diese Brücke über den Asopos an der Bahnlinie von Norden nach Athen kam unversehrt in deutsche Hand. Etwa zwei Jahre später am 21.06.43 2.15 Uhr, wurde die Brücke durch ein englisches Kommando, die mit Fallschirmen abgesetzt worden waren, gesprengt.
Eisenbahnpioniere arbeiten mit höchstem Einsatz an der Wiederherstellung. Beim Absenken - kurz vor der Vollendung - versagt ein hydraulischer Heber. Der Überbau kommt ins Rutschen, stürzt ab und begräbt Oberbauleiter Major Siebert und 27 Mann unter sich.

Doch die Brücke hatte operative Bedeutung. Erneut gehen Eisenbahnpioniere ans Werk und schaffen es in kürzester Frist. Höhe des Pfeilers 90 m, Roth-Wagner-Gerät. Überbau mit Fahrbahn oben, zweistöckiger freier Vorbau von zwei Seiten mit je einem Ballastträger.
Besondere Schwierigkeiten: Keine Zufahrtsstraßen, nur Saumpfade. Beiderseits der Brücke Tunnel mit Steigung und im Bogen der Strecke.

Major Siebert mit 27 Unteroffizieren und Mannschaften starben bei diesem entsetzlichen Unglück den Soldatentod.

»Von Hand«, d.h. mit Preßlufthämmern, Pickel und Schaufeln wird der nichttragfähige Fels beseitigt, damit das Betonfundament für den Roth-Wagner-Brückenpfeiler hergestellt werden kann.

Bild oben: Obgfr. Martin Lehr vom Vermessungstrupp, verletzt durch herabfallende Brückenstücke. Eisenbahn-Pionier-Kompanie 63.

Wiederherstellung der Eisenbahnbrücke über die Save bei Belgrad durch Eisenbahnpionier-Kompanie 63 mit Roth-Wagner-Gerät, Sommer 1944.

Hinsichtlich Einfallsreichtum gab es bei den deutschen Pionieren keine Grenzen - insbesondere bei Behelfsbrückenbau und Schnellreparaturen.
Hier eine Eisenbahnbrücke bei Wygonotschi (Kursker Bogen). Diese zerstörte Brücke machten deutsche Pioniere mittels unzähliger Schwellen als »Schwellenstapelbrücke« in nur drei Tagen wieder befahrbar.

Von Russen gesprengte Eisenbahnbrücke bei Lemberg, 1944.

Straßenbrücke in der Nähe von Lemberg wurde durch Feindflugzeuge beschädigt. Reparaturarbeiten beginnen, 1944.

Vom Steg (oben) bis zur Brücke aus dem B-Gerät (unten eine 8t-Brücke über den San) und Behelfsbrücken aller Art waren neben vielen anderen Tätigkeiten die Hauptarbeitsgebiete der Divisions-Pionier-Bataillone - und dabei oft unter Feindeinwirkung.